ILLUMINATION PERPÉTUELLE
DE NUIT
DE LA STATUE
DE N.-D. DE FOURVIÈRE

Proposé à la piété des Lyonnais

EN SOUVENIR DE LA FÊTE

DE L'IMMACULÉE CONCEPTION

A LYON

—

PAR AIMÉ CLERC.

*Tota pulchra es, amica mea, et macula
non est in te.*

Vous êtes toute belle, ma bien-aimée,
et il n'y a point de tache en vous.

Cant. des Cant., C. IV. V. VII.

LYON

SE VEND CHEZ LES PRINCIPAUX LIBRAIRES
— Et chez l'Auteur, rue St-Dominique, 14.
1859

SOUS PRESSE

PRIÈRES ET MEDITATIONS
DE N.-S. JÉSUS-CHRIST
Au Jardin des Oliviers.

(PROPRIÉTÉ.)

DÉDICACE

—

A S. E. Mgr LE CARDINAL DE BONALD,

ARCHEVÊQUE DE LYON ET DE VIENNE,
PRIMAT DES GAULES.

—

Illustre Prélat, c'est sous vos auspices et sous ceux de vos dignes coadjuteurs, que j'ose placer cet opuscule, destiné à énumérer les glorieuses et éminentes vertus de la Mère de Dieu.

Jusqu'à la fin des siècles, l'Eglise de J. C. sera militante ; elle aura des combats à soutenir : puisqu'elle a bien voulu m'admettre au nombre de ses enfants, et m'instruire de ses saintes doctrines, veuillez accepter l'offre de mon faible concours, afin qu'encouragé par les vertus d'un aussi digne chef je puisse joindre mes efforts à ceux de nos glorieux frères qui la défendent si courageusement.

Quand les propagateurs de l'impiété et du mensonge sont si audacieux pour annoncer et répandre leurs enseignements trompeurs et funestes, comment les enfants de J. C. et de la sainte Eglise, dont il est l'époux et le père, pourraient-ils rester inactifs et tremblants? Les fils de Marie ne doivent pas courber la tête devant les fils du démon.

Lyon, cette ville remarquable par la piété de ses habitants et par les souvenirs religieux que son histoire rappelle, fut le berceau du christianisme dans les Gaules; c'est dans ses murs que fut fondé le premier siége épiscopal. Vous êtes, Monseigneur, le digne héritier des vertueux évêques qui nous ont transmis dans toute leur pureté les dogmes de notre divine religion. Ce siége a été sanctifié par le martyre de saint Irénée, de saint Pothin et de leurs illustres compagnons; n'est-il pas juste que son sol, arrosé par le sang de ces courageux apôtres, donne le jour à des enfants qui soient, à leur exemple, les défenseurs de la foi catholique!

Divine Marie, vous qui êtes la reine des chrétiens, dirigez nos pas, ceux de l'enfance et de la jeunesse chrétienne. Nous nous plaçons sous votre égide pour combattre avec vous, et par votre appui nous triompherons des ennemis de notre salut.

Partout notre devise portera le titre glorieux et immortel de *Marie conçue sans péché*.

AIMÉ CLERC.

AVERTISSEMENT.

—

Afin de répondre aux demandes qui nous ont été adressées, nous nous sommes décidé à reproduire avec plus de développement les quelques lignes insérées dans *la Gazette de Lyon,* du 1ᵉʳ décembre 1858, au sujet d'un appel fait aux âmes pieuses et aux amis du progrès, pour l'éclairage perpétuel de la statue de Fourvières. Nous venons encourager tous les chrétiens dévoués au culte de Marie, à perpétuer eux aussi la fête solennelle du 8 décembre, en lui rendant dans les différents lieux qu'ils habitent, un hommage qui sera aussi agréable à cette bonne Mère qu'il sera consolant et édifiant pour ses enfants.

Job, ce patriarche si résigné dans l'affliction, a dit : *Militia vita hominis super terram* (la vie de l'homme sur la terre est un combat). Prévoyons les attaques de nos ennemis, méritons l'amour et l'appui de la puissante Reine des cieux, par l'imitation de ses vertus, et par les démonstrations dignes de son élévation et de ses grandeurs. Alors elle veillera sur nous, elle nous protégera, et nous serons invincibles.

Vous, dont les pères étaient les enfants de Marie, pourriez-vous trouver un monument plus digne de votre attention et de vos sacrifices, que cette statue bénite que vos pieuses mains ont élevée près de vos foyers et de vos campagnes, afin qu'elle en soit la gardienne ? L'expérience ne nous prouve-t-elle pas que la nuit comme le jour, cette bonne Mère est présente pour y recevoir les vœux et les prières que vous lui adressez.

Puisqu'elle met tant d'empressement à

les exaucer, apprenez à vos enfants à
l'aimer, à l'honorer et à l'invoquer. Si plus
tard un malheur imprévu les privait de
vos soins et de votre tendresse, ils trou-
veraient en elle une Mère bienveillante
qui les protégerait. Pour prouver leur reconnaissance, qu'ils suspendent des cou-
ronnes et des fleurs au piédestal sacré
sur lequel la Vierge immaculée s'élève
pleine de grâces et de majesté. Au déclin
du jour allumez des flambeaux, ils veille-
ront près d'elle, pendant que la nature
entière est dans le silence et le repos.
Quelle joie alors pour le voyageur d'apercevoir de son chemin ces vives clartés !
Elles lui indiqueront l'étoile du matin qui
ranime la confiance et dissipe les vaines
craintes.

SOUVENIR

DE L'IMMACULÉE CONCEPTION.

—

La grande solennité du 8 décembre est pour tous les chrétiens un jour de bonheur; c'est la plus belle fête de leur Mère, celle qui fait retentir le plus au loin ses louanges.

Habitants de Lyon! vous avez vu le concours immense d'étrangers accourus pour s'unir à vous, afin de prendre part à vos pieuses joies; ils sont autant de témoins qui ont vu dans l'élan de vos manifestations votre sincère reconnaissance envers N.-D. de Fourvière, pour les grâces particulières dont elle vous comble chaque jour. Eux aussi ils ont chacun, dans leur paroisse, dans leur hameau, à votre exemple élevé une statue à la Vierge immaculée ; ils iront chaque jour, à la fin de leurs travaux, la remercier et la bénir ; leurs enfants réunis autour du monument qu'ils aiment à visiter, déposeront à ses pieds les fleurs qu'ils ont cueillies, pour celle dont les vertus exhalent les plus suaves parfums.

EFFETS DE L'ILLUMINATION DU 8 DÉCEMBRE.

A la chute du jour a commencé une illumination à peu près générale et bien digne d'une ville éminemment chrétienne. Les flambeaux aux mille couleurs, de touchantes allégories, de célestes cantiques répétés en chœur, dont retentissait la sainte colline, éclairée par des feux éblouissants ; tous ces divers contrastes excitaient un élan, un enthousiasme populaire qui pouvait donner une idée du bonheur de la Jérusalem céleste. On se reportait par la pensée aux premiers jours de l'Église naissante de J. C., où tous les chrétiens animés d'un même cœur et d'une même âme vivaient dans un si parfait accord et une si douce union!

Une seule chose manquait au complément de cette fête sans égale, la vue continuelle de la statue vénérée, objet de cette fête religieuse. Éclairée par intervalle à la lueur des feux de Bengale, elle offrait un aspect ravissant et vraiment céleste. Les spectateurs regrettaient que ce délicieux enchantement, interrompu par l'obscurité, ne fût pas de plus longue durée.

Espérons que cette déception ne se renouvellera plus désormais, et que nos regards impatients verront bientôt l'objet de notre joie et de nos espérances paraître sur l'horizon pour remplacer la clarté du jour!

UN COUP-D'ŒIL SANS ÉGAL.

Quel est le paysagiste, l'amateur de la belle nature, qui n'éprouve un sentiment d'admiration à la vue de ce coteau pittoresque qui domine si majestueusement l'agglomération lyonnaise! Son gracieux aspect, bien à découvert, s'aperçoit à plusieurs lieues à la ronde ; il est le point dominant qui indique aux voyageurs la position de cette belle cité, dont ils viennent admirer les chefs-d'œuvre, en même temps qu'ils viennent s'y occuper de leurs affaires commerciales. Voilà qui est à merveille tant que le soleil est sur l'horizon, où tout est clair, bien apparent, mais quand il a cessé de luire, le tableau saisissant a disparu sous le sombre voile de la nuit.

Pour se montrer à de nouveaux regards, elle attend le retour de l'aurore, cette tour sainte, qui peut justement se nommer la tour de David, puisqu'elle porte si gracieusement cette Vierge admirable, issue de sa race royale.

Dans chaque ville maritime, des phares allumés pendant la nuit sur les points culminants indiquent aux navigateurs le port vers lequel ils se dirigent. Quelle position serait plus convenable pour servir d'indication au voyageur que la statue de Fourvière ! Quel coup-d'œil ne serait-ce pas pour lui d'apercevoir au milieu de l'obscurité un signe lumineux, qui lui annoncerait la situation et l'approche de notre grande et belle cité !

APPEL AUX SERVITEURS DE MARIE.

Lyonnais ! et vous chrétiens dévoués à N.-D. de Fourvière, montrez-vous favorables au nouvel appel qu'elle vient faire à vos élans généreux.

Pendant la nuit mémorable du 8 décembre, la statue se présentait par intervalles à tous les spectateurs, dans un si grand éclat et un si bel appareil, qu'ils n'avaient pas assez d'yeux pour l'admirer. Mais, hélas ! ce religieux enchantement n'a été que d'une courte durée ; le lendemain il ne restait plus trace de ce spectacle imposant, qui charmait à la fois l'œil et le cœur ; rien pour rappeler le souvenir d'une soirée dont le bonheur et les heureux transports étaient un avant-goût des joies du ciel.

Si vous voulez le perpétuer, réunissez-vous dans un commun effort, amateurs du vrai progrès et serviteurs empressés de Marie, et puisque la voix du peuple est la voix de Dieu, les désirs et l'empressement de la majorité pour une si imposante manifestation, prouveront que le temps est arrivé de mettre la main à l'œuvre.

L'autorité ecclésiastique, si dévouée au culte de Marie, et l'habile et bienveillante administration municipale, par les soins et la direction de laquelle votre antique cité est devenue une ville nouvelle, où les édifices religieux surtout ont été presque tous ou embellis ou réparés, n'attend sans doute que vos réclamations

et vos vœux pour seconder une si pieuse
entreprise.

Alors, on donnera son plus bel ornement à la sainte chapelle de Fourvière,
si chère aux Lyonnais et aux chrétiens, en
rendant visible la nuit comme le jour cette
statue qui s'offre si agréablement à tous
les regards.

ÉCLAIRAGE DE NUIT DE LA STATUE DE FOURVIÈRE.

Au point de vue religieux, la statue de
l'Immaculée Conception, sous la protec
tion de laquelle toutes les églises catholi-
ques sont placées, mérite justement ce
pieux hommage. Marie menait sur terre
une vie pauvre, et maintenant son élévation est proportionnée dans le ciel, à l'humilité profonde où elle anéantissait les
prérogatives magnifiques que Dieu lui
avait accordées.

En considérant les motifs qui la rendent si digne de notre vénération et de nos respects, pourrions-nous laisser plus long-temps enveloppée par les ténèbres la statue de cette Vierge privilégiée, qui a donné naissance à la lumière du monde, et dont l'état glorieux surpasse toute intelligence ?

Lyonnais, vous qui avez déjà gravé en lettres d'or, à l'entrée de la sainte chapelle de N.-D. de Fourvière, vos titres de reconnaissance pour sa protection spéciale, écrivez-les de nouveau en lettres de feu au sommet de cette tour admirable, sur laquelle vous l'avez élevée pour votre gloire et votre édification. Les habitants des contrées environnantes béniront et contempleront avec joie cette Vierge bienfaisante qui répand sur eux avec tant de largesses ses grâces et ses faveurs.

L'âme qui souffre et gémit pendant que tout repose, se consolera en pensant qu'une mère compatissante veille sur elle.

et apportera bientôt des soulagements à ses douleurs.

Si la vraie lumière est la vie de ses enfants, en est-il une plus radieuse pour les chrétiens que cette reine immortelle, qui se lève gracieuse comme l'aurore, élevée comme le soleil, et terrible comme une armée rangée en bataille pour confondre ses ennemis !

Elle se présentera alors aux voyageurs égarés, comme le phare du salut, et quelquefois aussi aux malfaiteurs, comme un témoin redoutable qui retiendra leurs bras prêt à commettre un crime prémédité dans l'ombre.

DIFFICULTÉS ET DÉPENSES DE L'ÉCLAIRAGE DE LA STATUE DE FOURVIÈRE.

La difficulté de l'éclairage de la statue de Fourvière n'est peut-être pas aussi grande qu'on le pense. Nous voyons tous les soirs quelques-uns de nos monuments surmontés de cadrans lumineux; pourquoi des appareils habilement disposés pour résister à l'orage, ne pourraient-ils pas être établis autour de la statue de Notre-Dame?

Puisque la Compagnie du gaz a amené ses conduits jusqu'au sommet du plateau de Fourvière, la principale dépense est donc faite. Des hommes expérimentés dans cette matière s'offrent, moyennant une dépense assez minime, de garantir le succès de l'éclairage de la statue, de manière à ce que toutes les parties en soient bien visibles et détachées au milieu des ténèbres. Les appareils disposés pour l'éclairage ne nuiraient point à la vue de la statue; placés en dehors de la balustrade qui entoure le piédestal, ils seraient à peine apparents, et on pourrait leur donner des formes gracieuses, qui contribueraient encore à l'embellissement de l'édifice.

Supposons encore que le succès ne soit

pas aussi satisfaisant qu'on pourrait l'espérer, la lumière éclatante des appareils pourrait toujours servir comme d'un phare qui indiquerait au loin la situation de l'image vénérée de Marie.

Faisons donc appel à l'incessante activité du génie français, dont les merveilleuses découvertes nous étonnent chaque jour, et il s'efforcera, nous n'en doutons pas, de couronner ses succès en représentant dans son plus bel éclat cette auguste Reine, qui est elle-même le foyer des vraies lumières et la protectrice de la France.

Marie, qui se montra toujours si favorable aux vœux de ses enfants, aura, nous en sommes sûrs, pour agréable un hommage digne de la Mère de Dieu.

La Commission de Fourvière, dans le but de donner aux Lyonnais de nouvelles preuves de son dévoûment, conduira assurément à sa fin cette œuvre placée sous sa direction immédiate. L'autorité administrative, nous l'espérons aussi, voudra bien favoriser cette entreprise de son puissant concours ; elle sera comme le complément des nombreuses améliorations qui ont changé en quelques années l'aspect de l'ancien *Lugdunum*.

Cet évident témoignage de l'habileté de nos artistes et du bon goût des âmes pieuses et des amis du progrès, sera un encouragement pour les Lyonnais qui ont déjà donné tant de preuves de leur bon goût.

Une fois cet embellissement obtenu, ils s'empresseraient ensuite par un élan de générosité de faciliter l'achèvement de la basilique de N.-D. de Fourvière ; son gracieux aspect serait alors par son site remarquable aussi digne d'admiration la nuit que le jour.

On n'a pas à craindre d'être arrêté par l'exagération de la dépense ; d'après des calculs faciles à établir, une souscription de quelques centimes par an et par habitant suffirait pour couvrir tous les frais.

Qui ne s'empressera de souscrire afin de se procurer la jouissance d'un spectacle aussi admirable! S'il en est qui ne peuvent satisfaire à leur bon désir, il se trouvera des personnes zélées, dont les pieuses mains toujours empressées à bien faire, suppléeront abondamment à ce dé-ficit.

LE PLUS BEL ORNEMENT DE LYON.

Lyonnais! quand nous apercevrons dans les airs notre Reine et notre protectrice environnée de lumière, quelle ville avec ses magnificences pourra offrir un specta cle aussi imposant!!!

Qu'un généreux élan nous anime! Témoignons notre reconnaissance à cette bonne Mère, qui nous a tant de fois préservés des maux qui nous menaçaient! A notre exemple, les habitants des villes, des hameaux et des contrées environ nantes, qui ont éprouvé aussi les bienfaits de sa protection, s'empresseront de lui rendre un semblable hommage. Ils feront luire en sa présence les flammes de leur cœur brûlant de charité, représenté par les points lumineux dont ils l'environneront.

Habitants de Lyon! couronnez donc aussi dignement la réputation de votre cité. Les étrangers amenés au milieu de vous par leurs affaires ou par la curiosité, apprécieront ce coup-d'œil sans égal, digne de votre génie et de votre piété. Prenons donc l'avance, et que les enfants de Lyon, toujours inspirés pour l'entreprise des grands travaux, ne laissent pas à d'autres villes la gloire d'en avoir créé un aussi intéressant et aussi religieux!

Vertus, Bienfaits et Protection
DE MARIE

—

La protection de Marie est semblable à une forteresse qui domine une ville et la protége contre ses ennemis. C'est un port assuré dans lequel on est à l'abri des naufrages et des tempêtes.

Marie est une bonne mère qui nous montra dans tous les temps et dans tous les lieux qu'elle veille avec sollicitude sur ses enfants.

Au sein de la famille elle rend aux vœux fervents d'une mère désolée sa chère enfant, qu'une mort prématurée lui devait enlever.

Sensible aux ferventes prières d'un père chrétien, elle ramène avec douceur son fils égaré et repentant à la pratique de ses devoirs et de la vertu, et il retrouve le calme et le bonheur.

Sur le champ de bataille, le brave soldat défend avec courage la gloire de son pays et son drapeau, mais l'ennemi l'environne, il va périr! Il se rappelle qu'il a une protectrice dans le ciel, il l'invoque, et aussitôt il échappe aux coups mortels qui le menaçaient; il est sauvé!!!

Oui, c'est sous les auspices de Marie qu'on trouve asile et protection toutes les fois qu'on l'invoque avec confiance.

L'orphelin trouve en elle une mère qui le protégera s'il est l'imitateur de ses vertus.

Cette puissante protectrice ne fournit-elle pas chaque jour, aux personnes éprouvées par les disgrâces de la fortune, les ressources dont elles ont besoin pour éviter une ruine assurée? Les belles et touchantes manifestations du 8 décembre ne sont-elles pas des témoignages éclatants d'amour et de reconnaissance envers elle? Recourons donc à Marie avec confiance, exposons-lui nos peines et nos besoins. Que pourrait-elle refuser à des enfants que son Fils a si grandement aimés!

Il a bien voulu s'abaisser à leur nature dont il s'est revêtu ; il a mené une vie pauvre et laborieuse pour leur enseigner le mépris des richesses et pour leur montrer qu'ils doivent, à son exemple, entrer dans le ciel par le travail et la pénitence.

Comment cette Mère si bonne et si compatissante, dont le cœur a été percé douloureusement sept fois à la vue de son Fils bien-aimé attaché à la croix, pourrait-elle ne pas secourir et protéger des créatures qu'il a tant aimées, pour les racheter à si grand prix!

Voilà ces grandes et intéressantes vérités dont les méditations sont si salutaires et si consolantes.

Où trouver ailleurs un père qui a donné si généreusement sa vie pour le salut de ses enfants, et une mère qui veille sur ses enfants avec une si tendre sollicitude?

Malheur à l'impiété, à l'indifférence, au

sensualisme, dont les principes funestes rendent un trop grand nombre d'âmes insensibles à des croyances si utiles et si intéressantes pour les cœurs véritablement chrétiens!!!

BIENFAITS DE LA BÉNÉDICTION DE MARIE.

La bénédiction de Marie est la source du vrai bonheur et de la prospérité. Elle est semblable à une douce rosée qui rafraîchit les plantes et les fait croître. C'est un soleil bienfaisant qui donne aux fleurs leur parfum et leur éclat.

Voyez les Enfants et les Vierges bénies de Marie, ils sont à son exemple le modèle des vertus.

Les maisons bénies de Marie sont semblables à l'humble demeure de Nazareth, où la sainte famille vivait au milieu du silence et de la prière, dans ces joies intérieures qui sont le fruit d'une parfaite charité.

Les bénédictions de Marie se répandent sur les campagnes que sa main féconde et fertilise, sur le commerce qu'elles rendent prospère, sur les royaumes et les empires dont elle est l'appui et la force.

Cette Vierge sans égale, née avec tous les dons précieux de la grâce, est devenue la Mère du Sauveur des hommes.

Après avoir mené une vie sainte et détachée de la terre, elle s'est élevée dans le ciel; son fils l'a placée à sa droite, il a mis sur sa tête une couronne immortelle, dans ses mains ses richesses et son sceptre. Il lui a dit : Ma Mère, je vous donne toute puissance dans le ciel et sur la terre ; voilà mes trésors, distribuez-les sans mesure à vos enfants, qui vous honoreront comme leur reine, vous chériront comme leur mère et vous invoqueront comme leur avocate.

Les bénédictions de Marie sont la consolation et le soulagement de la pauvreté, l'adoucissement de la douleur, la gloire et la conservation des vraies richesses.

Voyez le sourire de Marie, il est semblable à l'aurore du printemps qui annonce un jour calme et sans nuage; prêtez l'oreille à sa voix douce comme le bruissement du zéphir qui agite le feuillage et tempère les ardeurs de l'été.

Entendez sa parole; quand elle parle au cœur, elle le pénètre, elle l'enflamme d'un amour pur et généreux, elle le dégage de toute affection terrestre et passagère, puis elle l'élève dans les cieux où la charité trouve son élément et sa vie, dans les ineffables perfections du Dieu qu'elle aime parfaitement et dont elle admire avec les Saints les beautés toujours nouvelles.

LES RESSOURCES DE MARIE

Cette vierge admirable ressemble à un jardin qui produit des fruits excellents, à une fontaine dont les eaux salutaires rendent la santé à ceux qui viennent s'y désaltérer.

Hélas! beaucoup languissent comme les plantes du désert qui se dessèchent, parce qu'ils ne connaissent pas les frais ombrages de ce jardin béni, sous lesquels on goutte un repos bienfaisant. Beaucoup d'âmes languissent, comme le cerf altéré soupire après les eaux vives et rafraîchissantes, parce qu'elles ne vont pas à cette source délicieuse; elles suivent des sentiers qui paraissent beaux, attrayants, mais le serpent maudit se glisse parmi les fleurs qu'ils admirent; il les persuade comme il a persuadé Eve par ses paroles trompeuses; alors elles touchent au fruit défendu dont l'usage devient la cause de leur perte.

Quels maux et quelle tristesse la désobéissance et le désordre n'ont-ils pas causés sur la terre depuis sa création!

En est-il de plus grands que de résister à la volonté du Créateur et de changer les lois qu'il a établies? Il a condamné l'homme à mener une vie laborieuse et pénitente en punition de son péché. Il lui promet une vie d'éternelle félicité, s'il observe sa loi. L'excès de son amour oblige son Fils à prendre une forme sensible, afin de lui donner dans sa vie sainte et mortifiée l'exemple parfait de toutes les vertus.

Il avait créé des esprits intelligents et éclatants de lumière ; le prince de cette cour royale se montra rebelle ; il suscita une révolte, aussitôt il fut renversé de son trône et précipité dans les abîmes.

Jaloux d'un bonheur qu'il ne peut plus espérer, il rôde comme un lion furieux, avide de sang ; il se revêt de toutes les formes pour surprendre le genre humain et le perdre. Il veut lutter contre sa capitale ennemie et ravir à sa tendresse maternelle des enfants qui lui sont si chers,

Il leur dit : Votre Dieu, c'est l'or et les plaisirs ; travaillez pour les posséder. Cette vie est pour vous la plus certaine ; pour la bien remplir, jouissez, rendez votre esprit libre et indépendant de toute autorité, votre cœur insensible aux larmes et inaccessible à la pitié et aux remords. Alors tranquille et dans le repos, vous jouirez, comme un roi au milieu de son palais, de toutes les voluptés qui font le bonheur de l'existence.

Tels sont les enseignements de cette philosophie impie et sensuelle, dont les funestes conséquences font chaque jour le malheur et la désolation de la société!

Elle veut censurer, calomnier et persécuter l'Église de J.-C., qui est gémissante et plaintive à la vue des maux dans lesquels elle plonge ses enfants, quand elle devrait se taire et pleurer sur ses égarements et ses iniquités!!!

Rassurons-nous, consolons-nous; paix et bonheur aux hommes de bonne volonté. Notre père qui est dans les cieux, connaissant la faiblesse et la fragilité de ses enfants, leur a donné l'humble Marie pour les protéger et les défendre contre le prince superbe de l'enfer, qui fuit à sa présence comme les ténèbres devant la lumière.

Allons donc nous mettre sous la tutelle de cette Vierge incomparable!

Voyez-la, comme un beau lys de la vallée de Sion, elle répand un parfum qui inspire la pureté angélique; son regard, doux et tendre comme celui des colombes, est le symbole du bonheur et de la paix.

Admirez sa divine beauté dont les saints attraits enflamment le cœur d'un amour pur et généreux, et le détachent des plaisirs et des affections de la terre.

Aimons et chérissons Marie, puisqu'elle est le complément de toutes les perfections et de toutes les vertus! Qu'elle soit notre appui et notre consolation!

Entendez ces belles paroles dictées par l'esprit d'amour dont elle est l'épouse. *Tota pulchra es amica mea, et macula non est in te.* « Vous êtes toute belle, ma bien-aimée, et il n'y a point de tache en vous [1]. »

____
[1] Cant. des cant., chap. iv, vers. 7.

MARIE MODÈLE DU PARFAIT AMOUR.

L'amour parfait est cette bonne disposition de notre cœur, qui le dirige vers son centre, qui est Dieu. Quand il se détache des créatures pour tendre généreusement vers cette fin noble, et seule digne de ses immenses désirs, il est heureux et repose en paix, comme la colombe qui revint dans l'arche qu'elle avait quittée, ne trouvant pas un lieu où se reposer.

Le cœur, au contraire, éloigné de Dieu, est semblable à ces enfants prodigues qui abandonnent le foyer paternel pour aller dissiper en débauches la part de leur héritage, et qui se voient ensuite obligés de partager la pâture des plus vils animaux. Il ressemble encore à l'enfant privé du sein de sa mère, qui pleure, s'agite et ne veut plus sourire à aucune joie, à aucune caresse, jusqu'à ce qu'il se retrouve dans les bras de celle qui lui donna le jour.

Puisque l'amour pur et parfait est le seul bien qui puisse nous assurer le repos et le bonheur, suivons l'exemple de Marie, qui fut appelée la mère du bel amour, si nous voulons le trouver et en éprouver les douceurs.

Cette humble Vierge s'était consacrée au Seigneur dès sa plus tendre enfance. Le Saint-Esprit la choisit entre toutes les vierges pour la combler de toutes ses grâces ; sa belle âme parée de toutes les vertus devint le siége de la sagesse *(sedes sapientiæ)*, et son cœur pur comme l'azur des Cieux devint un miroir de justice *(speculum justitiæ)*, dont la perfection réfléchissait les rayons d'une ardente charité.

Si nous voulons avoir part aux bienfaits et aux communications intimes de la Divinité, à l'exemple de Marie soyons humbles, et l'humilité nous inspirera cette prière efficace qui pénètre les Cieux. Reconnaissons comme elle que notre propre fond, c'est le néant et le péché dans lequel nous sommes conçus.

Bannissons un moment ces illusions de grandeur, de prospérité, de fortune et de beauté qu'un accident nous peut enlever ; qu'un souffle peut dissiper. Mettons en parallèle notre vie d'un jour avec son éternité immuable, notre petitesse avec son infinie grandeur, notre beauté si fragile avec sa beauté impérissable, notre science si bornée avec sa science sans limites, notre pauvreté avec les richesses que sa main féconde répand sur tout l'univers. notre amour imparfait avec son amour immense, qui lui a fait donner son Fils unique pour le salut du monde. Alors, éblouis, confondus comme un indigent en présence d'un millionnaire, nous lui dirons : Qui suis-je, Seigneur, pour que vous vouliez vous abaisser jusqu'à moi ? Mon partage, c'est le néant, mon intelligence, mes biens et ma vie je les tiens de vous ; disposez-en selon votre volonté, que je sois digne de vous appeler du doux nom de père, et de ressentir les effets de vos tendres embrassements !

Si nous voulons voir Dieu et l'aimer, soyons purs à l'exemple de Marie.

Les pierres précieuses et l'or ne peuvent servir à l'ornement des rois, s'ils ne sont éprouvés et dépouillés de tout ce qu'ils ont d'impur; de même, notre esprit et notre cœur ne peuvent être agréables à Dieu et s'élever dans le Ciel, sans être dépouillés de l'amour des richesses et de l'affection des créatures. Nous admirons la pureté dans l'eau des fontaines, dans les cieux que nous contemplons, dans les affections dont nous sommes l'objet, et Dieu qui se plaît parmi les lys, aime la pureté dans les cœurs auxquels il se communique, et dans les âmes vertueuses parmi lesquelles il admire son image.

Purifions nos cœurs et nos âmes, à l'exemple de Marie, et nous verrons Dieu et nous goûterons les faveurs qu'il accorde aux âmes privilégiées.

FIN.

LYON. — IMPRIMERIE DE P. BOURSY, RUE MERCIÈRE, 90.

www.ingramcontent.com/pod-product-compliance
Lightning Source LLC
LaVergne TN
LVHW012138170726
843503LV00009B/3874